El tiempo cambiante

Nellie Wilder

sol

nubes

llovizna

lluvia

tormenta

granizo

llovizna

arco iris

¡Hagamos ciencia!

¿Qué sucede cuando cambia el tiempo? Intenta esto.

Qué conseguir

- ❑ agua
- ❑ caja de zapatos llena de tierra
- ❑ taza de papel con orificios en la parte inferior

Qué hacer

1 Forma montañas y valles en la tierra.

2 Vierte agua lentamente sobre el terreno por la taza.

3 Coloca la caja al sol.

4 ¿Cómo cambia la tierra el tiempo?

Glosario

granizo: lluvia que se ha convertido en hielo

llovizna: lluvia ligera

tormenta: lluvia intensa con rayos y truenos

Índice

¡Tu turno!

¿Has visto una tormenta?
Escribe y haz un dibujo
para contarlo.

Asesoras

Sally Creel, Ed.D.
Asesora de currículo

Leann Iacuone, M.A.T., NBCT, ATC
Riverside Unified School District

Jill Tobin
Semifinalista
Maestro del año de California
Burbank Unified School District

Créditos de publicación

Conni Medina, M.A.Ed., *Gerente editorial*
Lee Aucoin, *Directora creativa*
Diana Kenney, M.A.Ed., NBCT, *Editora principal*
Lynette Tanner, *Editora*
Lexa Hoang, *Diseñadora*
Hillary Dunlap, *Editora de fotografía*
Rachelle Cracchiolo, M.S.Ed., *Editora comercial*

Créditos de imágenes: págs.2–17 Stephanie Reid y Lexa Hoang; págs.18–19 (ilustraciones) Rusty Kinnunen; todas las demás imágenes cortesía de Shutterstock.

Teacher Created Materials
5301 Oceanus Drive
Huntington Beach, CA 92649-1030
http://www.tcmpub.com
ISBN 978-1-4258-4635-0
© 2017 Teacher Created Materials, Inc.
Made in China
Nordica.012018.CA21701271